A educação é fundamental, isso todos nós sabemos.

Mas será que hoje, ela é a ferramenta mais usada na relação familiar?

Algumas coisas não perdemos neste caminho árduo e cheio de paroxismo do século

XXI?

Não sou nenhum especialista no assunto, sou um escritor e professor que, curiosamente,

lida com pais e filhos todos os dias, e talvez por isso, queira escrever sobre esse tema.

Ressalto, sem medo, que estou escrevendo de forma amadora, porém, compreendo a

importância da escrita e deste tema tratado, aqui, de forma aberta e não conclusiva.

Sumário

A semente

A base familiar é a estrutura fundamental para um indivíduo. Com plena certeza, o que enfrentamos hoje é uma avalanche desmotivadora das relações familiares, um desmonte que assombra a relação mais bem estruturada: a relação entre pais e filhos.

Onde e como erramos? Será que há erros na relação contemporânea que ainda conseguimos reparar?

Pais e filhos, compõem tema de novelas, de filmes e músicas que nos faz refletir sobre o quanto podemos ser vulneráveis a quaisquer falhas. Sim, pais e filhos erram.

A coisa mais preciosa em qualquer relação é o respeito pela individualidade do outro, por isso, com as relações paternais e maternais não são diferente. É preciso que ambas das partes respeitem-se e considerem que, nessa relação, há indivíduos diferentes e que precisam ter a sua individualidade respeitada.

Mas, atenção pais e mães! Não esqueçam que vocês são tutores. Vocês moldam, educam, orientam a criança que já nasce com uma personalidade e um caráter particulares.

É necessária muita vigilância para não cair em armadilhas antigas, como "não quero ser como meus pais". Será que não há algo do passado, em seu processo de educação e formação, que você não deva mesmo aplicar nos dias de hoje?

A contemporaneidade requer nosso autodesenvolvimento, ou seja, nossos valores, nossa bagagem adquirida, nossa formação de caráter, os quais devem ser aplicados no "aqui e agora". Eu não consigo aprender, se não me disponho a ensinar.
Impossível educar alguém sem que você tenha sido educado antes.

Uma vez que você é um educador, um pai ou mãe, um tutor de um ser em formação, você precisa retirar os excessos — o perigo está no excesso.
Na educação contemporânea, tudo está permissivo demais. Dizer o "não" parece não ser mais possível para as crianças de hoje, que se frustram e sofrem por tudo.

O não é um mecanismo no processo da educação. Dizer não, não é uma forma de frustrá-las. No processo educacional, o não representa uma forma de ensinamento.

Temos hoje pais e filhos no embate de quem governa quem. Filhos autoritários, mais independentes e inconsequentes do efeito da não educação. Pais que, por serem ausentes, são permissivos e buscam formas de agradarem aos filhos dizendo sempre sim. Dão o sim já que não têm tempo para saírem no final de semana, dão o sim já que não conseguem ver o filho durante o dia, dessa forma, preferem deixá-los no celular o dia todo, nas dancinhas o tempo todo e esquecem que, vigiar é uma das formas de se reconhecer onde está a falha.

Há também, a ideia de que apenas os pais têm deveres. Essa temática pode ser mais complexa do que realmente já nos parece. O estilo de educação aplicada gera um turbilhão de efeitos na vida da criança. Nesse contexto, a contemporaneidade é ainda mais desafiadora, já que pais e filhos "estão sendo educados" por mídias sociais.
Ferramentas digitais ensinam como lidar com uma educação engessada e cada vez mais sem limites. Conforme os filhos crescem, eles buscam cada vez mais ver nos pais um exemplo para se espelharem e tomarem para si como modelos de vida. Assim também os pais esperam modelos perfeitos dos filhos, exemplos e uma reprodução fiel de todos os seus ensinamentos. Na prática, não funciona assim.

Há, nessa relação, a soma de dois lados que devem se equilibrar. Apesar da nossa época atual, pelas várias mudanças que a família passou e passa, há de ser considerado o papel estruturante dos pais, tutores da criança em formação.
Pais e filhos podem aprender juntos. Podem descobrir a delícia que é a educação.

Conforme já mencionado, a relação entre pais e filhos deve ser pautada por uma base de formação. Os pais já têm a base, aplicá-la é o desafio.
Essa pode ser a semente deixada como herança para um futuro com mais respeito e valores consigo mesmo e para com a sociedade.

Causas e Efeitos

Uma experiência atual me alavancou muitos pensamentos. Uma mãe presenteou a sua filha com um celular — o brinquedo atual das nossas crianças. Por outro lado, orientou-a a não criar e nem entrar em grupos de Whatsapp.

Porém, como tudo que é proibido, despertou a curiosidade da pequena de 12 anos e ela criou um grupo com os colegas de classe para praticar bullying contra um colega que estava ali, dentro do grupo. Quando a sua mãe descobriu já era tarde. Conversas já aconteciam nos corredores da escola e mal ela sabia o que estava por vir. Ao tentar corrigir a filha, sofreu agressões verbais e físicas por parte de uma pessoa de 12 anos que está sob a sua responsabilidade.

O comportamento de ambas chama a atenção para refletirmos sobre limites. A filha, sem querer cumprir com os deveres já estabelecidos pela mãe, a desafiou-a criando o grupo, e a mãe que, ao assumir seu papel de disciplinadora, educadora deveria estar vigiando o conteúdo que a sua filha estava acessando e armazenando em seu celular.

De novo, voltamos ao excesso. A permissão para tais coisas geram efeitos grandiosos na relação e na formação.

Portanto, avaliar o porquê de tais permissões e/ou proibições é algo fundamental nessa jornada educativa.

Lembre-se que pais e filhos estão aprendendo juntos. A sua base formadora lhe põe a alguns passos do seu filho, mas você também está no processo de educação.
Lembre-se do "não quero repetir os erros dos meus pais"? Então é sinal de que algo lhe afetou tão profundamente que você não gostaria de usar como gatilho contra alguém que hoje está no seu lugar como filha/filho.

A criança buscará em você, o exemplo de como ser o adulto do futuro.

O novo velho

A educação familiar deu um salto, mudou radicalmente. No lugar dos castigos, mais tolerância e reclamações reservadas.

É fato que as famílias ainda permanecem como a forma predominante da vida em grupo na maior parte das sociedades ocidentais (Gundelach, 1991), e que, nesse caso, cabe a elas serem o agente da socialização primária (Nicolai-da-Costa, 1991), responsáveis pela determinação de como vão se dimensionar as práticas de educação da prole, os ambientes em que as crianças vão viver, as formas e limites para as relações e interações entre avós, filhos, netos e o social mais amplo.

O modelo atual de educação parece ser um modelo que ignora a ideia de que ser criança é algo legal. Pelo contrário, legal mesmo é ser jovem, adolescente, pois acessa coisas interessantes e os pais não pegam mais no pé. Fui meio *cringe* agora, não?

 O fato é que, as crianças não aceitam o velho modelo ou o velho formato de ser criança. Ora, também pudera, já nascem quase ganhando um celular e com o rosto em uma foto 1:1, com o rosto na 1080 px por 1080 px, postada nas redes. As velhas crianças foram esquecidas, e as novas nem sequer sabem o que é pipa, carrinho de rolimã, pega-pega, gude, sete pedrinhas, bate-lata, esconde- esconde... — Memórias foram destravadas agora.

Conselhos de um jovem senhor

Não tenham medo de errar. Vocês sabem bem que, todo momento vivido não foi construído com perfeições. Pelo contrário, a jornada da vida é feita de quedas e tropeços, superações e vitórias. A vida é cíclica.

Em sua posição como responsável por educar alguém, compreender que errar faz parte do processo significa que você educará um alguém para ser forte e resiliente.

 Eu não diria resistente. Resistente procura resistir a tudo, mas resiliente carrega um significado de se adaptar, de se moldar e de se superar. Formem adultos resilientes, inteligentes emocionalmente para lidar com as frustrações e derrotas, mas que saibam sorrir e comemorar diante de um adversário sem ter que agredi-lo.

O poder da educação é tão forte que converte os ignorantes.

Um dia desses, observando borboletas voarem no jardim do meu condomínio, fiquei um bom tempo analisando, como se fosse uma criança, um circo em pleno espetáculo. Elas pareciam fazer malabarismo com bolinhas imaginárias e o melhor, eu sentia que elas não as deixava cair. Era incrível!

Acho que fiquei tão emocionado que passei a observar a cena de modo "eu lírico", não mais como um morador daquele condomínio na janela do seu quarto.

Sabe o efeito do voo da borboleta? É de altos e baixos. Pense nisto quando você achar que não deve "descer", ou errar nunca para ter que educar. As borboletas me ensinaram ali, descendo e subindo em lindos voos.

Como Rumi diz: "você nasceu com asas, por que ainda prefere rastejar?"

Tente todos os dias voar, mesmo que a sua vida já esteja nos pênaltis.

Freud/ Escola

O diagnóstico desse desafio é que ainda há solução. Tudo isso está determinado pela educação que a criança recebe; os valores, os princípios e sensores sociais que as crianças devem receber dentro de casa.

A educação escolar — já dizia a filósofa Viviane Mosé - não é a solução para mudar tudo. E eu reitero, ela não é um remédio. A escola é o lugar onde podemos discutir o contemporâneo e não o espaço das soluções.

Todo problema que atravessa a nossa sociedade, atravessa também o espaço escolar.

Pais atentos aos seus caminhos de educação.

Vocês precisam entender que o contemporâneo é, antes de mais nada, a realidade do seu filho, e isso está diretamente ligado à ideia de que você precisa conhecer a realidade do seu filho para saber lidar com ele.

É muito difícil ter que encarar a ordenação familiar. Não é uma tarefa para se cumprir em meio tempo de convivência, além do que o contemporâneo rouba nosso tempo de uma forma voraz.

Quantos de nós, depois do trabalho, não gosta de entrar nas redes sociais? Muitos!
Então, com os filhos não é diferente!
Em busca da distração, pais e filhos, depois dos seus afazeres, buscam uma distração. A concentração é logo roubada e para voltar ao eixo em que estávamos ou gostaríamos de ficar, é bem mais difícil.

Educar torna-se um campo de força, nesse sentido. Você luta contra você mesmo em prol da educação de qualidade para seu filho.

Historicamente, zelo é racionalmente associado ao contexto familiar. (Isso é fato?)

Educar é zelar. São temas tão densos e extensos que o final do fio que puxamos lá na primeira página parece não ter fim.

Já ouvi uma história sobre Freud, não sei se há veracidade nela ou não, mas o fato é que ela pode ser uma parábola para entendermos mais sobre o zelo e o educar contínuo.

Então, conta-se que, quando Freud estava iniciando na psicologia, ainda montando seus conceitos, uma mãe o questionou com a seguinte indagação:

- Quando posso começar a cuidar da ansiedade do meu filho? Qual será a idade correta para isso?

Freud então lança uma pergunta em resposta ao questionamento:
- Com quantos anos está o seu filho?
- 3 anos – responde a mãe.
- Era para ter começado ali em sua barriga – concluiu o psicanalista.

Ou seja, a educação familiar é pregressa à escolar.
Freud, obrigado por esse ensinamento.

Poema

Se queremos fazer uma educação eficaz, precisamos construir internamente valores essenciais para a nossa sociedade, senão, tudo que estamos dando aos nossos alunos e filhos são pedras para atirarem contra si mesmos.

Tudo pode ser temporário, menos a educação.
Pais, por acaso ainda não notaram que vocês são o reflexo para o filho de vocês?

Uma criança de apenas 2 meses já reflete aquilo que recebe. Se por acaso ela receber uma fruta doce ou azeda, certamente irá expressar, em sua face, um sorriso ou uma careta. Portanto, a boa educação será como uma fruta doce, refletindo sorrisos e sorrisos, os mais lindos para o mundo.

Pais e filhos
Objetos de valor
Transforma o mundo ao redor
Com sementes de cuidado e amor
É mola fundamental das relações
Estrutura, monta uma sociedade
Equilibra a vida e move a cumplicidade
Pais e filhos
Relação mais próxima não há
Ritmo de crescimento da evolução
Numa boa base para se propagar.

O poema supracitado é a forma como enxergo a relação entre pais e filhos.

Aos meus pais

Meu pai, meu herói.

Sempre tão gentil, tão bom, tão generoso, tão carinhoso e afável.

Meu pai me ensinava e me ensina ainda muito sobre como enxergar o outro no mundo.

Meu pai é alto, mas se curvava para brincar comigo, me abraçar. Eu te amo, meu pai.

 Minha mãe, meu bem maior, ela me mostrou o caminho e me mostrou também como voar, caso não desse para caminhar. Minha mãe é a base do que sou hoje; forte e resiliente — sem modéstia.

Sem querer abusar do pleonasmo, mãe, você é amor. O amor original que conheço.

Aos meus pais devo tudo.

Base familiar

Essa relação familiar que tive reflete na pessoa que me tornei. Sempre ouvi meus pais dizerem:

- Saiba entrar e sair dos lugares.

Gravei isso!

 Ou melhor! Aprendi que, saber entrar e sair dos lugares significava — e significa respeitar a todos.

De volta aos valores sempre, eles são a base fundamental para uma boa educação. As novas leis cooperam? A contemporaneidade coopera?

> Art. 29. A educação infantil, primeira etapa da educação básica, tem como finalidade o desenvolvimento integral da criança de até 5 (cinco) anos, em seus aspectos físico, psicológico, intelectual e social, complementando a ação da família e da comunidade.
> (Redação dada pela Lei nº 12.796, de 2013)
> Estabelece as diretrizes e bases da educação nacional.
> Art. 30. A educação infantil será oferecida em:
> I - creches, ou entidades equivalentes, para crianças de até três anos de idade;
> II - pré-escolas, para as crianças de 4 (quatro) a 5 (cinco) anos de idade. (Redação dada pela Lei nº 12.
> (BRASIL,1996)

Após aprovação dessa lei, a situação ficou mais crítica para as crianças, pois os pais estão inserindo os filhos nas creches ou escolas cada vez mais cedo, deixando para trás a educação da família, ou seja, a base familiar que é necessário, principalmente quando os pais trabalham muito e acabam ficando a maior parte do tempo fora de casa, é o que afirma Maldonado, (1997, p. 11).

Daqui pra frente

01	Tentar passar para as crianças o meu melhor, sem demagogia, sem fingir que sou perfeito, sem autossabotagem, criando o pai ou mãe que nunca erra.
02	Construir valores sólidos, ou seja, mostrar que a base de tudo são as nossas práticas para com os outros e tudo começa em casa.
03	Executar os planos, criar rotina de monitoramento, compreender que o meu filho, a minha filha é diferente de mim, não uma extensão do que idealizei.
04	Adotar uma disciplina para o meu lar, promovendo, na prática, a ideia de limite: o que pode e o que não pode.
05	Tirar um tempo na semana para ouvir o meu filho, minha filha.
06	Saber da rotina escolar e comparecer à escola para saber da convivência.
07	Não colocar meu filho, minha filha em uma bolha.

Segredos

Um dos meus maiores sonhos é ser pai.

Pai de menino, pois acho a coisa mais linda meninos arrumados de bermuda, relógio, camisa de botões e cabelo penteado, assim como minha mãe me arrumava.

Quando eu era pequeno, fui uma criança peralta. Sempre dei muito trabalho aos meus pais, apesar de ser um aluno aplicado.

Um certo dia, minha casa estava em obra, eu, muito pequeno, devia ter uns quatro anos, subi na cadeira da mesa de jantar e peguei uma cachaça que estava ali, a minha frente e bebi. Imagina o susto que minha mãe levou?

Ela proibiu, depois desse episódio, que nenhum pedreiro levasse bebidas. Eu tocava o terror!

Era muito comumente acontecer uma dessas peraltagens.

Eu era uma criança desorganizada, de modo adverso aos meus irmãos que sempre foram muito organizados.

Meu irmão é o cara mais inteligente que conheço. Minha irmã, a menina mais organizada. Tudo intacto.

Ah! Mais um segredo desse que vos escreve. Tenho discalculia.

Desconfio que tenho mais coisas, mas esse aí foi o psicopedagogo, orientador da faculdade que me diagnosticou.

São muitas lembranças e histórias da minha infância. Tenho cicatrizes para comprovar; no queixo, na perna direita e nas costas. Todas das brincadeiras perigosas que propunha aos meus cobaias a participarem.

Melhor nem tê-los?

Eis a questão: filhos dão tanto trabalho. Será que é melhor nem tê-los?

Como vimos até aqui, a educação não será uma tarefa fácil, nunca será.

Desde os anos 60, as famílias vêm mudando seus costumes, suas configurações e seus meios de educação.

A decisão de ter um filho deve ser pensada com muita cautela e responsabilidades afetivas e sociais.

Para além das paredes de um lar, a criança vai conviver na escola, no espaço de fé que cada família tem, na casa dos primos, na casa do amigo... em muitos lugares, ela deixará registro da sua educação, porque, afinal, a criança é um indivíduo que precisa socializar.

Então, adultos, filhos são parte das suas escolhas. Dizer aqui que será um mar de rosas, seria insincero. Mas, também não é um bicho de sete cabeças, não é uma escolha que só traz problemas. Se você perguntar a alguém que já é pai ou mãe, provavelmente, você escutará que os filhos são a melhor coisa das suas vidas. Em meio a uma pesquisa feita, descobri que o IBGE registrou, nos últimos dez anos, um aumento de 5,3 % no número de casais sem filhos.

Ter uma criança não é renunciar seus sonhos — pelo menos, distante desse papel, enxergo assim.

Há, claro, momentos que você se priva de muita coisa em prol daquele ser sob a sua responsabilidade, mas a criança faz parte de você, da sua rotina, dos seus anseios, das suas lutas e enfrentamentos diários. Não deixe de estudar, terminar a faculdade, fazer uma viagem, por causa da sua criança. Programe-se a curto, médio e, se necessário, a longo prazo. Penso que tudo deve partir de um querer, não imposição.

Se você bem notou, até aqui, destaquei pontos paralelos entre a educação contemporânea e aquela mais tradicional. Aliás, tabus antigos, hoje não temos mais. Esse é um ponto bastante positivo da contemporaneidade. Falamos mais abertamente sobre sexualidade, sobre gênero, sobre política, sobre religião, sobre diferentes corpos, seja na escola ou em casa. Há, claro, muito preconceito enraizado na educação familiar que deixa, por exemplo, filhos LGBTQIAPN+ dentro de armários ou famílias que mantém a boca fechada sobre tais assuntos, neste caso, quem sai perdendo são as crianças. Lembra do capítulo "Daqui pra frente?

O embate

Nada de crise, nada de embate.

Quando pensamos nas novas gerações, tendemos a perspectivas que são irresponsáveis e ou sempre inconsequentes. Como disse, não sou nenhum especialista, e até sou meio paradoxal em alguns momentos, então considerem que sou apenas um especulador.

Pois bem, não é preciso confrontar a nova geração achando que você sabe de tudo.

Como disse em algumas páginas deste pequeno livro, aprender é essencial para ensinar. Parece-me chocante a ideia de confrontar, de se posicionar de modo impetuoso quando o assunto é educação.

Não crie uma relação tóxica. Essa educação de embate se corporiza de forma traumática na vida da criança. Não trate-a como um decorador de conteúdo, como numa aula de tabuada no passado. Ensine-a de modo prático, mostrando os seus valores.

A "educação" das surras, dos gritos, dos castigos não é uma boa tendência para permanecer em nossos tempos atuais.

Busque aprender, ouvir e participar. O embate não vale a pena!

Sorria! Você está sendo filmado.

Educar é uma missão de risco. Falei aqui, em quase todos os capítulos que, pais são modelos para seus filhos. Sabe aquela frase que tem em estabelecimentos com câmeras? Pois é! Você pai e mãe está sendo filmado o tempo inteiro.

Se na teoria você prega uma ideia, mas na prática você faz o contrário, saiba que seu filho está te observando e vai imitar, reproduzir aquilo que ele assistiu e não ouviu. Claro, pode haver exceções.

Manter a coerência do que diz no que faz é essencial para a educação ganhar corpo e sentido para os filhos.

A família é apontada como parte fundamental do processo de inserção da criança na sociedade. Desta forma, os pais são responsáveis pela formação e também pelas orientações dadas nesse percurso educativo, tendo como foco a formação de um cidadão crítico e pensante.

De acordo com Lane (1994), a instituição familiar é, em qualquer sociedade moderna, regida por leis, normas e costumes que definem direitos e deveres dos seus membros e, deverão reproduzir as relações de poder da sociedade em que vivem.

Conforme Prado (1981), a família como toda instituição social, apesar dos conflitos é a única que engloba o indivíduo em toda a sua história de vida pessoal. É no contexto familiar que a criança adquiri suas primeiras experiências educativas e aprende a se harmonizar nos diferentes ambientes, independente das normas que lhe são impostas, através da família, da escola ou qualquer que seja a realidade.

Os distanciamentos

Nunca vi (pelo menos na minha percepção) uma geração tão triste, tão depressiva e tão ansiosa como esta. Os jovens estão cada vez mais engolidos pelas redes sociais e mantendo um distanciamento da vida social real. O encontro com os amigos acontece por vídeochamada, as interações são por meio de ferramentas digitais. Dentro de casa também é possível observar tal acontecimento. Os motivadores, na minha opinião, são as mídias sócias, conteúdos acessados de forma efêmera, e os desejos, não sonhos, pois sonhos te fazem esperançar. Os desejos, na maioria das vezes vindos de um lugar utópico da mente, produz a não ação, o não impulso... Isso frustra.

A televisão, apesar das redes sociais dominarem a vida dos jovens atualmente, pode ser um desses atravessamentos, como uma influência ambivalente na educação. Não podemos negar a influência que a televisão exerce na educação. A literatura aponta que a televisão transmite valores morais negativos e impede o relacionamento familiar nos momentos em que seus membros se reúnem para fazer refeições (Gomide, 2002). Crianças que assistem demasiadamente televisão tendem a expressar comportamentos agressivos (Gomide, 2000), apresentam mais problemas de leitura (Christakis, Zimmerman, DiGiuseppe, & McCarty, 2004), de atenção (Landhuis, Poulton, Welch, & Hancox, 2007) e de rendimento escolar (Spitzer, 2005).

Mas, pode ser uma importante fonte de socialização para a criança, trazendo informações e valores da sociedade mais ampla na qual a criança vive. A partir da mediação dos pais ou outro adulto responsável pela criança. Novamente aquela ideia do equilíbrio na hora de aplicar a educação.

Epílogo

 Hoje todo mundo ensina algo: a escola, a internet, a empregada, a mãe, o pai, a tia do transporte... O fato é que, no convívio dessa criança, quais valores estão sendo passados? Sem essa de radicalismo.

O "Eu te amo" não adianta quando você, na prática, impede a criança de ser ela mesma. Ame, pois educar é um gesto de amor.

Referências

LANE, Silvia T. M. O que é Psicologia Social? Coleção Primeiros Passos. Nova Cultural: Brasiliense, 1985

OLIVEIRA, P. S. Introdução à sociologia da educação. São Paulo: Ática, 1993. PRADO, Danda. O que é família? 1. ed. São Paulo: Brasiliense, 1981. (Coleção Primeiros Passos).

Gomide, P. (2000). Efeitos de filmes violentos em comportamento agressivo de crianças e adolescente. Revista: Psicologia Reflexão e Crítica

Pirozzi, G. (2013). Tecnologia ou metodologia? O grande desafio para o século XXI. Revista Pitágoras